著名漫画家 蔡志忠

☆我的第一本历史知识漫画书☆

历史画中话

群雄并起"画"春秋（上）

沈山明 李 冰 编

·学习历史知识 ·培养阅读兴趣 ·拓宽文化视野 ·启迪人生智慧

总书目

远古：神话诞生的时代

盘古开天地　大神女娲　后羿传奇
神农尝百草　炎黄联盟　尧舜禅让

夏商：文明从这里起步

大禹治水　夏启夺位　少康中兴
贤相伊尹　武丁选贤　暴虐的纣

文治武功“画”西周

姜太公钓鱼　武王伐纣　伯夷叔齐
周公辅国　烽火戏诸侯

群雄并起“画”春秋（上）

黄泉相见　周郑交恶　好鹤亡国
管鲍之交　齐桓公争霸　晏婴使楚

群雄并起“画”春秋（中）

曹刿论战　大义灭亲　仁义宋襄公
流亡公子　退避三舍

群雄并起“画”春秋（下）

羊皮换相　牛贩子退兵　放虎归山
一鸣惊人　庄王治楚　伍子胥传奇
吴越恩仇

逐鹿中原“画”战国（上）

三家分晋　完璧归赵　负荆请罪
田单复国　张仪欺楚　屈原投江

逐鹿中原“画”战国（下）

商鞅变法　长平之战　鸡鸣狗盗
毛遂自荐　窃符救赵　娶妻招祸
孙膑斗庞涓

诸子百家，东周风雅（上）

万世师表　关雎　无衣
硕鼠　氓　东山
孟母三迁

诸子百家，东周风雅（下）

老子留书　庄周梦蝶　孙武练兵
墨子救宋　韩非之死　神医扁鹊

盛衰骤变秦帝国（上）

奇货可居　君臣之争　中华始皇帝

盛衰骤变秦帝国（下）

指鹿为马　揭竿起义　巨鹿之战
刘邦起兵　鸿门宴　楚汉之争

西汉：大风起兮云飞扬（上）

刘邦诛韩信　吕后传奇　缇萦救父
执法不阿张释之　七王之乱

西汉：大风起兮云飞扬（中）

飞将军李广　张骞通西域　漠北之战
苏武牧羊　狱中天子　昭君出塞

西汉：大风起兮云飞扬（下）

奇人东方朔　凤求凰　千秋史笔
假面王莽　赤眉起义

东汉：豪强争霸的朝代（上）

光武兴汉　隐士严子陵　投笔从戎
跋扈将军梁冀　党锢之祸　黄巾起义

东汉：豪强争霸的朝代（下）

董卓弄权　武夫吕布　枭雄少年
官渡之战

三国：青梅煮酒论英雄（上）

桃园结义　煮酒论英雄　三顾茅庐
崛起江东　火烧赤壁

三国：青梅煮酒论英雄（中）

威震逍遥津　大意失荆州　兄弟相煎
火烧连营　七擒孟获

三国：青梅煮酒论英雄（下）

徐庶进曹营　忠勇典韦　狂生祢衡
智士程昱　失街亭　星陨五丈原

暗流涌动西东晋

高平陵政变　贾后乱晋　晋明帝除霸
淝水之战

纷争动荡南北朝

刘裕北伐　自毁长城　梁武帝佞佛
助子兴国　女杰冯太后　孝文帝迁都

两晋名士展风流

名士阮籍　书圣王羲之　靖节先生
纵情谢灵运　昭明太子　谯国夫人

兴亡之殇隋王朝

禅代北周　玉树后庭花　独孤皇后
杨广谋位　下江都　瓦岗烟尘
晋阳起兵

巍巍大唐，天朝盛世（上）

秦王李世明　玄武门之变　一代名相魏徵
文成公主　少女媚娘　一代女皇

巍巍大唐，天朝盛世（中）

韦氏乱朝　贵妃杨玉环　魂断马嵬坡
安史之乱

巍巍大唐，天朝盛世（下）

李愬取蔡州　甘露之变　牛李党争
小太宗唐宣宗　黄巢民变

乱世烽火，五代十国

朱温代唐　优伶天子　郭威建周
不倒翁冯道　南唐遗恨　花蕊夫人
海龙王钱镠

屈辱与抗争的大宋王朝（上）

陈桥兵变　杯酒释兵权　烛影斧声
无敌将军杨业　澶渊之盟
传奇宰相寇准　王安石与司马光
奸相蔡京

屈辱与抗争的大宋王朝（下）

靖康之耻　精忠岳飞　贾似道误国
正气文天祥　陆秀夫蹈海

能征善战的辽夏金

阿保机兴辽　承天萧太后　夏王元昊
阿骨打建国　海上之盟　枭雄海陵王

马背上的大元帝国

成吉思汗　贤相耶律楚材
长子西征　马可·波罗

内忧外患明王朝（上）

草莽皇帝朱元璋　胡惟庸党案
靖难之变　郑和下西洋

内忧外患明王朝（中）

土木堡之变　南宫复辟　首辅张居正
奸相严嵩　赫赫九千岁

内忧外患明王朝（下）

明宫三大案　闯王李自成
吴三桂与陈圆圆　袁崇焕之死

唐宋元明，文化的盛筵（上）

诗仙李白　诗圣杜甫
平民诗人白居易　韩愈谏迎佛骨
玄奘西游　鉴真东渡　六祖惠能

唐宋元明，文化的盛筵（中）

柳宗元种柳　醉翁欧阳修　圣人朱熹
理学夫子程颐　浪子回头苏老泉
旷达豪迈苏东坡　李清照

唐宋元明，文化的盛筵（下）

辛弃疾　关汉卿为民请命
西厢记　心学宗师王明阳
李时珍写《本草纲目》

傲视天下的大清帝国（上）

努尔哈赤　多尔衮　血战江阴
智擒鳌拜　平定三藩

傲视天下的大清帝国（中）

收复台湾　平定准噶尔　雍正皇帝
吕留良惨案

傲视天下的大清帝国（下）

六下江南　宠臣和珅　东归故土
金川之战

晚清，没落的帝国（上）

虎门销烟　鸦片战争　火烧圆明园
金田起义　天京内乱

晚清，没落的帝国（中）

晚清第一臣　红顶商人胡雪岩
北洋水师　左宝贵守平壤

晚清，没落的帝国（下）

公车上书　戊戌变法　义和团运动
八国联军

明清才俊，一代风流

才子解缙　四库总纂纪晓岚
红楼一梦

乱象环生“画”科举

弘治泄题案　丁酉科举案　江南科场案
上帝使者汤若望　宫廷画师郎世宁

辛亥风云录

鉴湖女侠　碧血黄花岗　末代皇帝
天下为公孙中山

目录
CONTENTS

动荡的春秋

从西周一路走来，到了东周（公元前770年—公元前256年），可谓是山高路远，灾难多多。历史上的东周，实际上分为两个时期：一是春秋，一是战国。它们的分水岭是在公元前453年，以韩、赵、魏三家灭掉智氏，瓜分晋国为标志。至于为什么叫“春秋”，那是因为孔子所作鲁国史《春秋》而得名；“战国”的名称呢，则出自西汉刘向编著的《战国策》。历史发展到这一时期，煊赫的周王室一下子跌落到了谷底，再也没有过去的威风了。个中原因，说来话长。

在周幽王死后，太子宜臼即位，这就是周平王。周平王面对残破的镐京，又时不时受到犬戎的威胁，万般无奈之下，他不得不在公元前770年，在郑、秦、晋等诸侯的护卫下，把京都迁到了洛邑（今洛阳），建立了东周王朝。

自平王东迁以后，周王室就失去了底气，只保有天下共主的名义，而无实际的控制能力。各诸侯国你争我夺，相互兼并。面对诸侯国的胡作非为，周王室也只能眼睁睁地看着，一点办法也没有。

首先是齐桓公，他任管仲为相，最先成为霸主。齐桓公于公元前685年即位，他在政治、经济上做了一系列改革，使齐国强大了起来。接着四处征伐，威信大增。公元前651年，他在葵丘（今河南兰考县）召开大会，与各诸侯国订立盟约，成为中原第一个霸主。

接着称霸的是晋文公。晋国与楚国之间经过几场战争的较量，尤其是城濮之战获胜后，实力逐步壮大。此后，晋文公请来周襄王，在践土（今河南原阳县）和诸侯会盟，周天子册封晋文公为侯伯（诸侯之长），晋文公成了中原霸主。

公元前597年，楚庄王率军在邲（今河南郑州荥阳县北）与晋军大战，打败晋军。中原各国也就顺势倒向楚国，于是，楚庄王又成为中原霸主。

晋国称霸的时候，西部的秦国也强大起来。秦穆公企图向东争霸中原，但由于向东的通路为晋所阻，便向西吞并十几个小国，在函谷关以西一带称霸。

此后，吴、越两国相继强大，争霸于东南地区，吴王夫差与越王勾践先后称霸一方。

黄泉相见

在春秋初期咄咄逼人的郑庄公，其实也有一本难念的经——他与母亲一直不和，他母亲在他出生时就不喜欢他。他好不容易巩固王位后，便宣布永远不和他母亲见面……他们母子之间到底有什么血海深仇？最后又如何才母子相见的呢？

母亲……
国君，今日比武，段明显技高一筹。
几年后
依臣妾看，还是立段为太子比较好啊。
啊！
长幼有序，自武王伐纣以来，世代都是长子继位。
寤生又无大错，怎可乱了祖宗的规矩？
虽说长幼有序，可也要看谁的本事大啊。
好了，我决心已定，立寤生为太子！
将共城赐给段作为食邑吧！

共城：今河南省辉县。

这么多年了，你还是那么不喜欢寤生吗？
哼，先出脚后出头，倒着生出来的孩子就是大逆不道！
母亲总是偏爱弟弟，无论我做什么都不被认可。
等着瞧吧，母亲！
我将来定要让郑国上下……不，要众诸侯都臣服于我！

国君，太夫人求见。
快有请！
多年后，寤生继位，即郑庄公，并继承了父亲周室卿士之位，辅佐大周朝政。
寤生，你现在是一国之君，有数百里的封地，你弟弟却容身在一个小小的共城，你于心何忍啊？
那依母亲的意思……
不如将制邑也封给段吧！
啊！

制邑乃军事要地，先王遗命，不许分封。
除了制邑以外的地方，孩儿都可以答应母亲。
京城……
京城在郑国都城附近，大小与都城相当，十分富庶。
那么京城好了！
怎么？这也不行？！
那唯有让段去别国谋生路了！
母亲！
好吧，孩儿答应您就是了。

京城：今河南省荥阳东南。

叮当
——叮当——
段，你到了京城，要扩充士卒车马，暗中做好准备。
只要你取代了寤生之位，我就死而无憾了！
母亲……
待时机成熟就率兵袭郑，我为你做内应，一定能夺下郑都。
……

鄢：今河南省许昌市鄢陵县。廪延：今河南省新乡市延津县。

太叔段乃家母之爱子、寡人之爱弟。
寡人宁可失地，也不愿伤兄弟之情、家母之心啊！
国君，可是……
大人！
只因大厅上耳目较多，不便泄露。
国君才智过人，此事绝不会坐视不理的。
大夫祭足
您夜访国君，定能知道国君的真正意思。
哦？
爱卿，寡人不傻也不迂，段和母亲的阴谋寡人早有察觉。
但段尚未明显反叛，寡人若诛之，母亲必从中阻挠，寡人还要落个不孝不义之名。
寡人不管不问是在等，等段恶贯满盈时再讨伐他。到时，国人不会帮他，母亲也就没有托辞了！

正所谓“多行不义必自毙”！
国君果然有远见，非臣所能及！
爱卿快请起！
既然这样，国君还是先发制人为好！以免夜长梦多！
哦，这么说爱卿有妙计？
……
……
太好了！段有福当国君了！
武姜遣心腹送密信至京城，告知段五月初可发兵袭郑。
第二日
国君今日入朝辅佐周王，半年后归国，期间由大夫祭足监国！

大官人，我姐妹俩遇劫匪了，救救我们吧！
啊……
走开！我有要事在身！
好心的大官人，救救我们吧！
国君，这是搜出的密信。

哼！母亲果然不会放过这个绝佳的机会。
将信封好，送给太叔，并索要回信。
是！
启程！
庄公假意入朝，却半途改道，悄悄率军夺下了廪延。
同时，公子吕率战车二百乘，埋伏于京城近郊。

廪延
国君，太叔段的回信。
母亲大人，以五月初五为期，请立白旗于城楼，为接应之处。
太好了！段的供词在此，看母亲还怎么庇护他？
五月初，太叔段托辞奉命监国，率大军出城，直奔郑都。

好，趁现在京城守备空虚，出兵！
公子吕率军轻松夺下京城，即时出榜安民，说明太叔背义叛乱之事，百姓皆归顺庄公。
有人来报公子吕率二百乘袭城，京城失守了。
什么？京城失守了？怎么会？赶快撤回！
嗖嗖——
啊！

是……
是国君的大军！

郑庄公率大军伏击了正要回程的太叔军队，大胜。太叔余部逃往共城，郑庄公下令停止追击。

黄泉：地下的泉水。借指人死后埋葬的地穴，也借指阴间。颍谷：今河南省登封市西南。

不，对自己的儿子做出这样的事，我罪有应得呀！
国君真是太糊涂了，这会落个不孝的罪名啊！
叽叽喳喳——
不行，我得想个法子劝劝国君。
咕噜咕噜——
有了！

郑都
原武姜寝宫
平定叛乱之后，一直忙于政事。
好久没到这儿来了。
寤生，进来吧。
哥哥，又带好东西来了吗？
好落寞的庭院啊！
当初寡人对母亲是不是太过分了？
国君，颍谷封人颍考叔求见。
颍地？流放母亲的地方。
有请！

鸮鸟：旧传鸮是一种不孝的鸟，长大后会啄掉生母的眼睛。

颍考叔，你为何不吃羊腿却把它包起来？
鄙人家贫，老母从未吃过这么好的肉。
鄙人在这里独享就是不孝，所以带回去与老母一同分享。
唉——
你有母亲能尽孝心，寡人不如你啊！

既然这样，就请国君把太夫人接回来吧！
寡人也很想啊，可寡人曾发过誓不到黄泉不相见……
作为一国之主怎可违背自己的誓言呢？
国君若想与太夫人相见，又不违背誓言，鄙人倒有一计。
哦？
哐——
哐——

颍大人，
看到地
泉了！
几个月后
国君，所谓
黄泉即地下
之泉，请国
君入内接您
的母亲吧。

原来，聪明的颍考叔派人掘地直到见泉，造地宫，并事先将武姜迎入。
啊！母亲！
寤生……

不，这一切都是我的罪过！
孩儿不孝，请母亲恕罪！

郑庄公将武姜迎出，既不失孝道，又未违背誓言。

愚人妄语

赶走了母亲，还发誓不到黄泉不相见，这应该是郑庄公的一时气话。我想，他当时绝对没想到问题的严重性：不认母亲，那可是不仁不义啊！一国之君，如果这样，怎么在郑国立足？可是，话说出去了，怎么收回来呢？幸好有颍考叔偷换概念，掘地见黄泉，才解除了郑庄公两难的窘境。由此看来，气头上说话，也得三思而后行啊！

谈天说地

雄才大略郑庄公

郑庄公，春秋时期著名的政治家，郑国第三任国君。说起这个人呀，那可是一个厉害人物！无论是文治还是武功，在春秋时期，都是可圈可点的人物。

郑庄公在位四十二年，对内，艺术地粉碎了共叔段的篡位阴谋。对外呢？面对四周虎视眈眈的强敌，他沉着应战，先是击败了周、虢、卫、蔡、陈等联军的进攻，接着又大败宋、陈、蔡、卫、鲁等国联军的侵略。北御燕，东略陈，率军伐许，攻必克，战必胜。所到之处，敌军是望风披靡。郑国在他的领导下，国力出现了空前的强盛，就连当时的齐国也要在它的指挥棒下一齐东征西讨。

俗话说：“智者千虑，必有一失。”郑庄公一生长于智谋，但在一件关系到郑国长治久安的重大问题上却失算了。他有十一个儿子，世子为忽，而他所偏爱的儿子突很有才智，而且是一个不安居人之下的人，为了维护身后的郑国政局，不得已，他忍痛让突屈居于宋。他也预料到了这种安排仍然不足以消除突对郑国政局的威胁，所以，临死前他很无奈地哀叹道：“郑国自此多事矣！”

也就在这一声哀叹声中，郑国开始一天一天走向了衰微。

周郑交恶

周平王东迁后，周王室的权威日渐衰落。仗着父亲护送平王东迁有功，郑庄公越来越不把周王放在眼里。一个是衰落君王，一个是强大诸侯；一个试图恢复先祖的文治武功，一个雄心勃勃想控制天下……一场争斗就要爆发！

当时爵位分为公、侯、伯、子、男五等，郑是伯爵，所以郑庄公被称为郑伯。

郑国几代国君皆担任周室的卿士，把持朝政。
郑庄公
周平王欲压制郑庄公，便趁其平定内乱之时欲分政于虢公。不料郑庄公听到了风声，黄泉认母后，进宫“问罪”来了。
郑……郑伯，来得正好！多日不见，寡人正担心你呢。
许多政务还须与你商议啊。
不必了吧，臣听说大王有意委政于虢公。
臣才不及虢公，愿拜还卿士之位，回到封地养老！
委政……
郑国兵力强大，万一郑伯翻脸……

没有的事！爱卿切莫听信那些乡野流言。
啊？大王……
大王何必否认？大王乃天子，谁人为臣由大王决定。
不、不！爱卿父子有大功于国，寡人怎能做负恩之事呢？
唉！寡人如何才能打消爱卿的疑虑呢？
有了！爱卿，寡人派太子狐到郑国去当人质，爱卿该相信寡人了吧？

作为交换，郑庄公让公子忽在周当人质。王室的衰弱和诸侯的强大，导致了荒唐的周郑交质。什么君臣名分、礼乐之教都开始土崩瓦解。
哼哼，保住了卿士之位，量其他诸侯也不敢犯我！
不久，带着不能振兴大周的遗憾，周平王死了。赶回洛邑奔丧的太子狐也死于途中。
太子狐的儿子林登基继位，是为周桓王。
呜呜……父亲……
哼！什么悲伤过度而亡，父亲明明是被郑寤生给害死的！
周桓王

新郑：今河南省新郑市。为区别于平王迁都前郑原有的都城，而取名新郑。

你们……
你们这是干什么？！
大人，我郑国遇灾荒，想借麦子千钟。
我带了兵力能够自行割取，无须劳烦大王。
大王还没同意呢，你们不能割！
你……你给我等着！
哼哼，去报告周天子吧！
若天子派兵驱逐，则给郑国一个出兵的借口。若无言默认，国君再去朝见周王也不迟。

几日后
啊——
寡人的麦……
大王小心啊！
近年收成不好，国库没有存粮，就指望着这些麦子了。
这下让我大周如何过冬啊？
反了！反了！寡人要出兵讨伐郑国！
大王，万万不可啊！
出兵正中了郑的圈套！他们可以借此反攻洛邑啊！

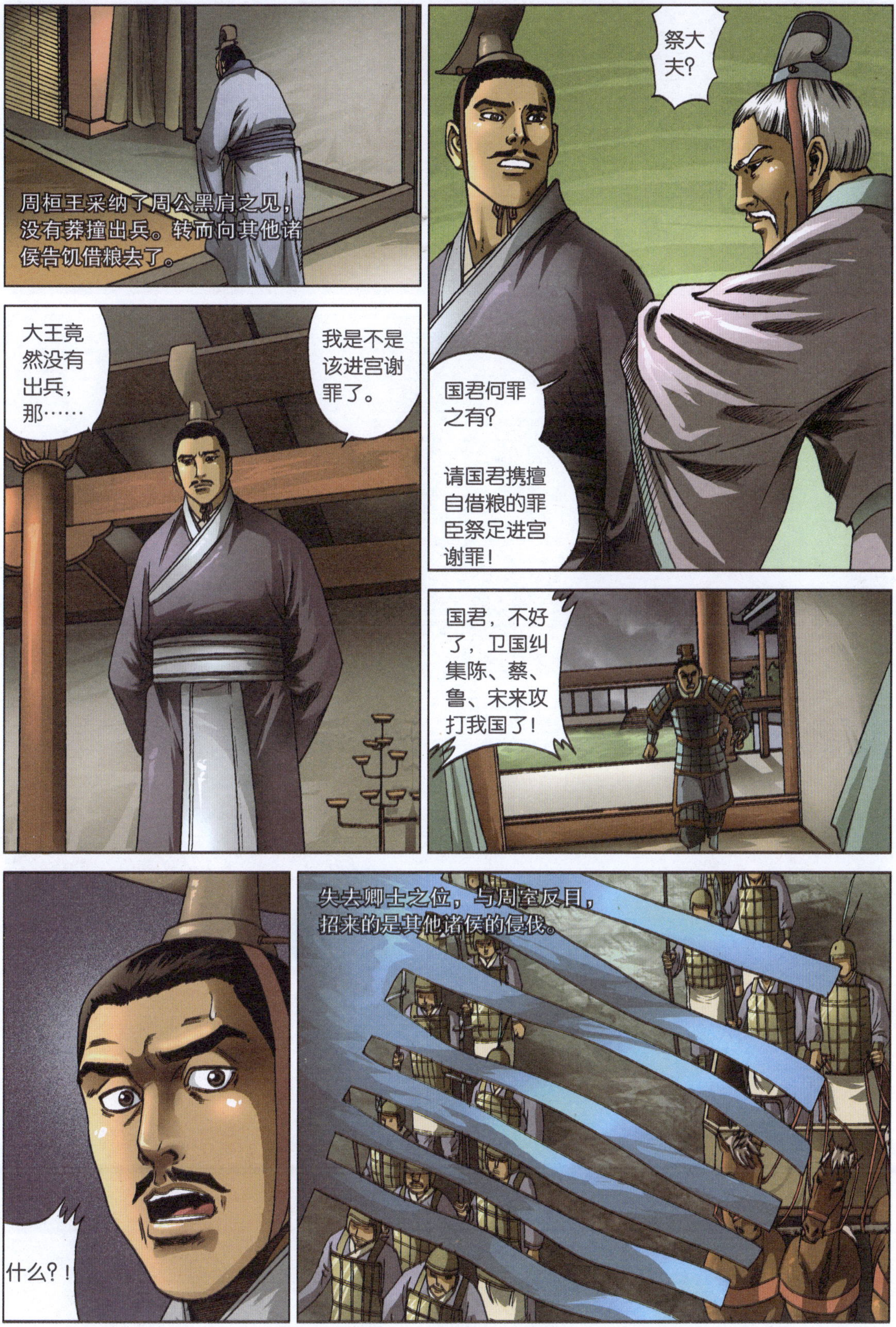
周桓王采纳了周公黑肩之见，没有莽撞出兵。转而向其他诸侯告饥借粮去了。
祭大夫？
大王竟然没有出兵，那……
我是不是该进宫谢罪了。
国君何罪之有？
请国君携擅自借粮的罪臣祭足进宫谢罪！
国君，不好了，卫国纠集陈、蔡、鲁、宋来攻打我国了！
什么？！
失去卿士之位，与周室反目，招来的是其他诸侯的侵伐。

郑国顽强抵抗，不久，五国军事同盟分崩离析，各自撤兵了。郑庄公为借天子之威以抗诸侯，入宫请罪。
大王，宋国无端进犯我国，臣请大王问罪！
郑国今年——
收成如何啊？
托大王洪福，风调雨顺五谷丰登。
太好了！
寡人庆幸今年成周的麦子可以留给自己了！

依周礼，诸侯朝见，天子是该有馈赠的。
寡人就送你十车麦子，以后灾荒，也不必让士卒当农夫了！
……
天子赐赠，国君应该谢礼啊。
谢大王！
大王赐的十车麦子就是十车公道。
以后什么宋公鲁侯，郑国都可以对付了！
啊……你……
谋略过人的郑庄公，以锦帛覆盖粮车，加弓箭于车上。宣扬奉天子之令伐宋，一路领兵向宋国开进。
宋国不朝贡，大王命郑公率兵讨伐！

面对强大的郑国，宋国哪里是对手。大败宋国后，郑庄公亲自立公子冯为新君。
这还了得！竟然敢藐视天子，擅立国君！
今日寡人若不讨伐，日后各诸侯相继效仿，岂不天下大乱了？！
国君！
新郑
先王都惧寡人三分，你却先夺我郑国卿士之位，又加兵于我郑国！
周联合了陈、蔡、卫三国，已攻到城郊了！
这回若不挫挫你的锐气，我郑国国威何在？！

臣以为，以臣战君宜点到为止，速战速决。
天子两翼较弱，我军只要破坏其两翼，孤立中军，即可战而胜之！
好计策！出兵迎战！
公元前707年，郑国大军与天子王师在繻葛对决。
郑军来了！迎战——
噢——
啊！那是什么阵势？
繻葛之战中，郑庄公独创“鱼丽阵”。步兵全安排在战车之后，战车前毫无阻挡，增强了冲击力。

繻葛：今河南省长葛县北。

破坏两翼！
大王，我军两翼溃败了！
啊！
啊！
大王——
缙葛之战周联军大败撤退。郑庄公鸣金收兵，没有追赶，给周王室留足了面子。
哈哈哈！
这一箭射的正是地方，周天子再也挑不起天下这副担子了！

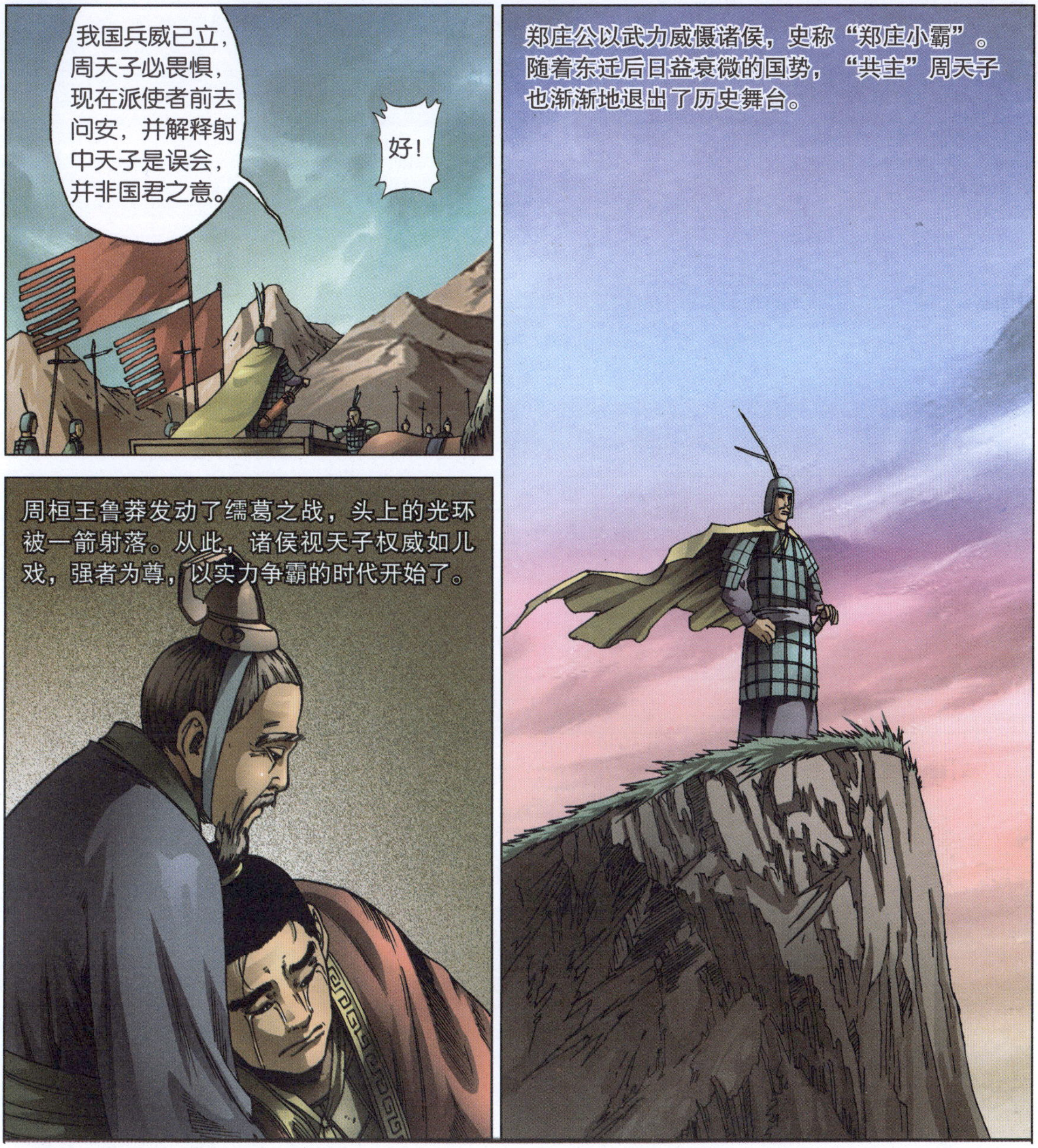

愚人妄语

郑庄公为什么胆大妄为？割了王室封地的麦子还不算，还要收割成周的稻谷。究其原因，势大欺主啊！这正好印证了古人的一句俗语："人善被人欺，马善被人骑。"国家也是一样，要立于世界之林，就必须足够强大，否则，就只能等着做亡国奴了。

谈天说地

繻葛之战

繻葛之战，对于郑国来说，可以说是具有划时代的意义。那么，为什么会发生这场战争呢？

直接的原因还得从周王室说起。公元前719年，周桓王继位后，想把朝政大权交给虢公林父，气得郑庄公又吹胡子，又瞪眼睛。怎么办呢？郑庄公二话不说，就派兵割了周王室封地的麦子。还拒绝朝觐周天子。面对郑庄公的横行霸道，周桓王哪有坐视不管的呢？于是，周桓王为维护王室尊严，亲率王师并征调陈国、蔡国、卫国等国的军队联合进攻郑国。郑庄公毫无畏惧地在繻葛（今河南省长葛市北）率军迎战东周联军。

在战斗中，郑庄公采用密切协同、攻敌两翼的战法，很快就打败了东周联军。自此以后，周天子威信扫地，在诸侯国面前，再也抬不起头了。继郑国之后，齐国、晋国、楚国、秦国等大国先后兴起，相互征伐，争夺霸主地位。面对这一切，周王室却无力征讨，天子之位，形同虚设。

好鹤亡国

自古以来就有暴政亡国的，还有沉迷声色下台的，因为喜欢养宠物而国破家亡的倒是很新鲜。可怜的卫懿公，居然被几只柔弱的仙鹤弄得众叛亲离。难道鹤有如此大的魔力，能让江山易主、君权沦丧？

卫：周初姬姓封国之一，其封地在今河南省北部，即殷墟一带。

知道了，让他们再等一会儿。
国君！
有人给您献鹤来了，正在偏殿等您呢！
真的？
快领寡人去看！
国君……
扑哧哧——

好，
好！
这三只品格刚毅，有将军之相！
嗯，既然有将军之相，就不能怠慢。
鸣叫——
封它们为鹤将军，享将军俸禄！
国君，这几只如何呢？
这几只稳重有礼，就封为大夫吧！
国君，您一直不上朝，有大量的政务等着您决断呀！
呀！

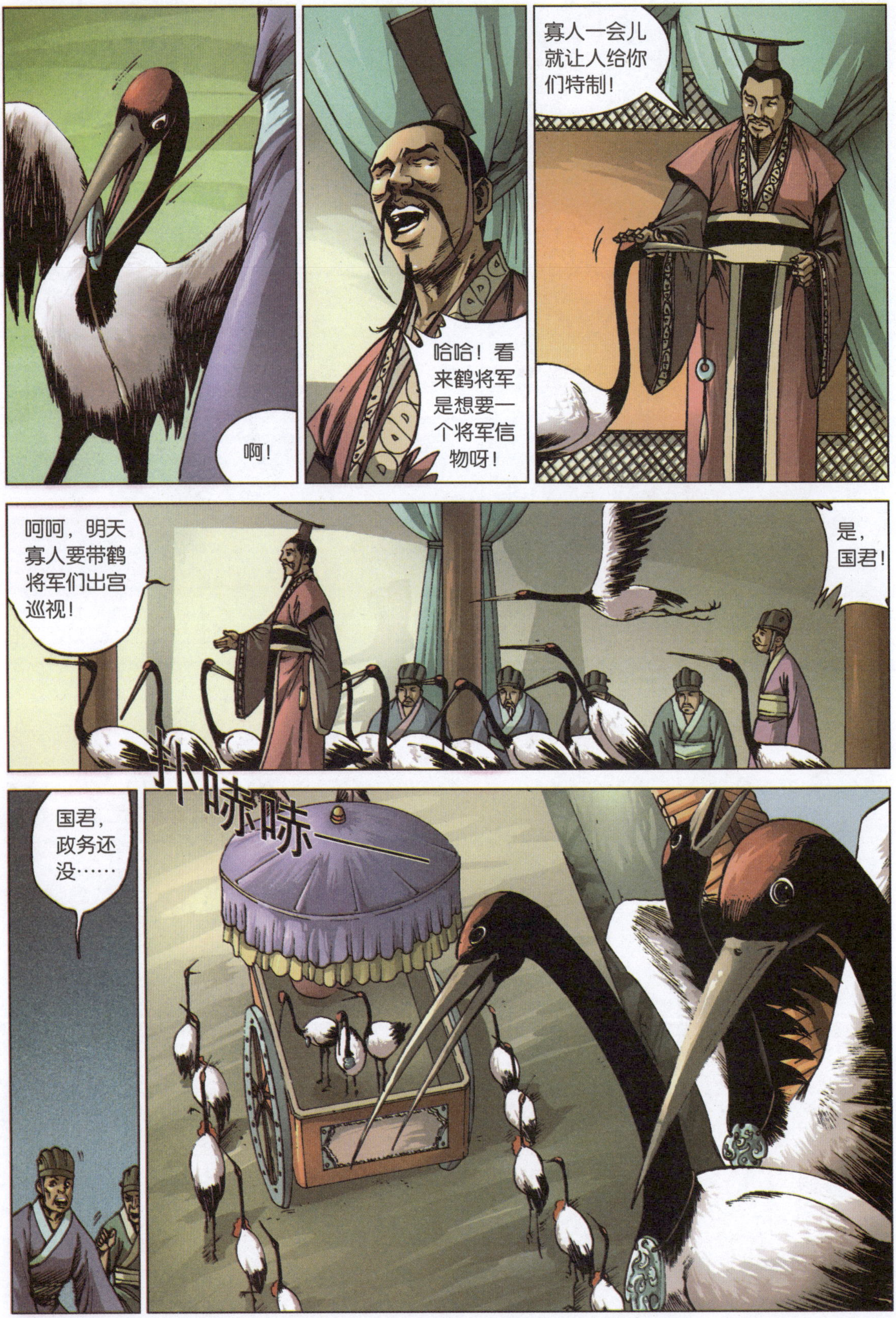
啊！
哈哈！看来鹤将军是想要一个将军信物呀！
寡人一会儿就让人给你们特制！
呵呵，明天寡人要带鹤将军们出宫巡视！
是，国君！
国君，政务还没……
扑哧哧——

让开让开！鹤将军出游了！
快走，快走！
快，快藏起来！
哗啦——
啊！

鹤将军，不要啊！
扑哧哧——
哈哈哈，看来鹤将军们很喜欢吃野外的鱼呢！
传旨百姓，不得打扰鹤将军们进食！
遵旨！
鱼都被吃光了，我们可怎么过呀……

狄：中国古代北方的一个民族，也泛指古代北方各民族。

愚人妄语

玩鹤并不是不可以，关键是看你处于什么位子。作为一国之君，本职工作是治理国家，怎么能沉迷于玩鹤之中呢？俗话说，玩物丧志。卫懿公因为爱鹤而丧失了理智，也因为玩鹤而荒芜了国政。当狄人侵犯时，仓促上阵，以致国破人亡。

谈天说地

州吁弑君

州吁何许人也？他为什么要弑君呢？话得从卫国说起。

在春秋战国的争霸中，卫国一直都没有入列到一等强国之中，这是为什么呢？究其原因，还真的与州吁脱不了干系。

卫庄公娶齐庄公的女儿庄姜为妻，据说庄姜特别贤惠，只可惜没有为卫庄公生下一男半女。没办法，卫庄公只好又娶了陈国国花戴妫为夫人，戴妫生子完。戴妫死，卫庄公让庄姜养育公子完，并立完为太子。就在这个时候，卫庄公的宠妾也生了一个儿子，叫州吁。这个州吁自小就不安分，喜欢打打杀杀，卫庄公心想，既然他喜欢打打杀杀，就让他带兵打仗吧。

这个消息在朝廷传开后，上卿石碏竭力劝阻，他说：“庶子将兵，必然为乱。”卫庄公哪里听得进去呢？卫庄公薨，太子完即位，也就是卫桓公。卫桓公刚即位二年，就因州吁骄奢淫逸，将州吁赶出了都城。州吁哪里肯束手就擒？他与郑国的共叔段暗中勾结，背地里又收买卫国的流亡之徒。准备就绪后，他发兵围攻卫桓公，并残酷地将卫桓公杀害。

卫桓公死后，州吁自立为卫国国君，只可惜卫国的大臣们竭力反对，尤其是上卿石碏，他暗中与陈侯共谋，在濮杀掉了州吁。

管鲍之交

本是好友的鲍叔牙和管仲，分别侍奉了齐国公子小白和纠。在国君宝座的争夺战中，鲍叔牙辅佐的公子小白赢得了胜利。齐侯小白欲杀管仲以报射钩之仇，但鲍叔牙却大力举荐管仲，使管仲的才华得到小白的赏识，并被拜为相，而“管鲍之交”也成了千古美谈。

莒国：今山东省日照市莒县。鲁国：今山东省曲阜市。

作为你的师傅，我知道你比软弱的公子纠更适合做齐侯。
但我劝服不了恪尽职守的管仲，只好设法让你先赶回齐国了！
公子小白，这么急，是要去做什么呀？
管师傅，我要去给哥哥奔丧。
公子纠居长，丧事理应由他主持。
幼公子可以稍待时日再回齐，不可逾礼。
管仲后退！
各为其主，不必多说！

哼！
是吗？
嗖——
啊！
调头，
快走！
齐侯的位
置注定是
公子纠的
了。
公子！
公子！

我知道管仲是弓箭妙手，怕他连射，所以咬破舌尖装死。
哼，刚才射中的只是我的衣带钩！
这真是天意啊！
现在快走！
管仲自以为射死了公子小白，所以和公子纠放慢了行进速度，而小白却趁机抢先回到齐国，继承了君位。

乾时：今山东省淄博市桓台县附近。

驾！
轱辘轱辘——
把管仲留下！
快！再快！
嗖嗖——
管夫子！
嘿！

啊！
将军！
鲍叔牙大人命令……我一定要把管夫子活着带回齐国……
叔牙……
齐国
那家货摊有好多稀奇的东西。
而且都很实用呢，快去看看！
呵呵，那当然。
管兄，你挑的货物都很受欢迎呢。

哼，不是鲍爷借钱给你，你做个屁的生意！
竟然还敢拽成这样？！
怎么了？
啊！管仲这个小人！
管仲拿走了我们生意利钱的七成！
……
管兄家贫，是我让他多拿点儿利钱的。

……
不久，齐国和他国发生战事，鲍叔牙和管仲都被征召从军。
管兄，这次战争或许就是我们扬名的好机会。
把握机会，我们或许就能实现抱负了！
也许是吧……
冲啊！

咦，管兄怎么落到后面去了？
锵锵锵锵——
对了，管兄家有老母，他必须保命奉养！
那我就在前面为他挡敌吧。
呜——
呜呜呜——
唰——
撤退！
撤退喽！

杀敌他落在后面，撤退他倒跑得比兔子还快！
管仲这个胆小鬼！
主帅说他的军队不需要贪生怕死之徒！
管兄！你真要离开军队吗？
胡说！我去向他解释！
叔牙，算了。
既非明主，我也就不想在这里效力了。
我也不想为不识明珠的家伙效力！
那我和你一起走！
生我者父母，知我者鲍叔牙也！

随后我和叔牙分别做了公子纠和公子小白的师傅。
叔牙，我们实现抱负的机会来了！
我们相约，日后不论谁辅佐的公子当了国君，都要为另一人引荐。
难道，难道叔牙现在是要践约？
可是，公子小白又怎能忘记那一箭之仇呢？
梆！

鲍卿，有什么事吗？
臣恭贺国君得一天下奇才！
哪个天下奇才？快讲！
管仲被活着带回齐国了。
那正好！
寡人要亲手杀死他，报一箭之仇！
臣想请问国君，您的志向是治理一个齐国，还是统领天下呢？
……
当然是统领天下！

臣自知，治理一个齐国，臣勉强可以胜任。
那么禀报国君！
但能帮国君治理天下的，只有管仲一人！
鲍卿，听说你曾和管仲相约，谁辅佐的公子当上齐侯……
就同侍那位公子，可有此事？
……
有此事。
但我现在虽有践约之意却无徇私之情。
国君若能重用管仲，他能为国君“射”得天下！
不行！寡人可以看你面子饶他不死，但休想要寡人任用他！

国君，管仲……
哼！
国君，任用管仲可……
不！
齐侯寝宫
国君，管仲能“射”天下呀！
唉……寡人会任用管仲的。
鲍卿，你先下去好好休息吧。

愚人妄语

世人只知管仲，却不知鲍叔牙，这对鲍叔牙有失公平啊！他们各为其主，尤其是在两位公子争夺齐国国君的位置时，管仲惨败，鲍叔牙全胜。是鲍叔牙向齐桓公竭力举荐了管仲，管仲建功立业的机会才有。要不然，齐桓公是不会忘记管仲的射钩之仇，而置他于死地的。在我看来，鲍叔牙不仅仅具有伯乐的慧眼，更具有君子的风度，把本属于自己的相位拱手送给管仲，其人品，其境界，可谓古今第一人啊！

谈天说地

大难不死的公子小白

小白是谁？他就是大名鼎鼎的齐桓公啊。说起来，还真的有一段让人胆战心惊的传奇故事呢。

故事得从齐襄公说起。齐襄公是一个丧失了人伦的衣冠禽兽，他在位期间，诸公子能跑则跑，能逃则逃。于是，公子小白与心腹鲍叔牙投奔到了莒国，他的哥哥公子纠则同心腹管仲投奔到了鲁国。

俗话说，多行不义必自毙。不久，齐国发生政变，齐襄公被杀。公子小白和公子纠得知消息后，都快马加鞭，想在第一时间赶回齐国。因为谁先回到齐国，谁就有机会成为国君。为了帮助公子纠夺得齐国君位，管仲单人匹马赶到了莒国通往齐国的大道上，追赶上了公子小白。管仲猛发一箭，直向小白心窝射去。小白大叫一声，口吐鲜血，从马上栽了下来。管仲以为政敌已除，于是便和公子纠从容不迫地向齐国进发。但是当他们赶到齐国首都临淄时，小白已经登基做了国君。

这到底是怎么回事呢？原来小白并没有死，管仲那一箭正好射在小白腰带的铜钩上，他便幸运地躲过了一劫。小白知道管仲是有名的射手，于是急中生智，咬破舌尖，大叫一声，口吐鲜血，栽下马去，瞒过了管仲。然后小白抄小路疾驰回国，抢先登上了国君的宝座。

齐桓公争霸

齐桓公打着“尊王”的旗号，以正义之师的名义称霸中原，但北方的蛮夷公然挑衅齐桓公的霸主权威，跑来欺负中原的诸侯国，迫使“以德服人”的齐桓公骑着老马去“攘夷”了……在漫漫征程中，他碰到了什么？又获得了什么呢？

诸侯现在都不来朝贡天子，齐侯对这种无礼行为非常愤慨。
齐侯希望天子能够派人整顿诸侯政务，以立天子威信。
好！就请齐侯召集各国诸侯，选出一位领袖，代寡人管理诸侯！
遵王命！
齐国是大国，齐侯又这么尊敬寡人……
要是能由齐侯做各诸侯国的领袖就好了。
齐国
仲父，你说要成就霸业，就要施行“尊王攘夷”的策略。
现在天子不正给了我们尊王的好机会吗？
是，请国君通知各诸侯国会盟。
然后选出盟主去帮助天子树威！

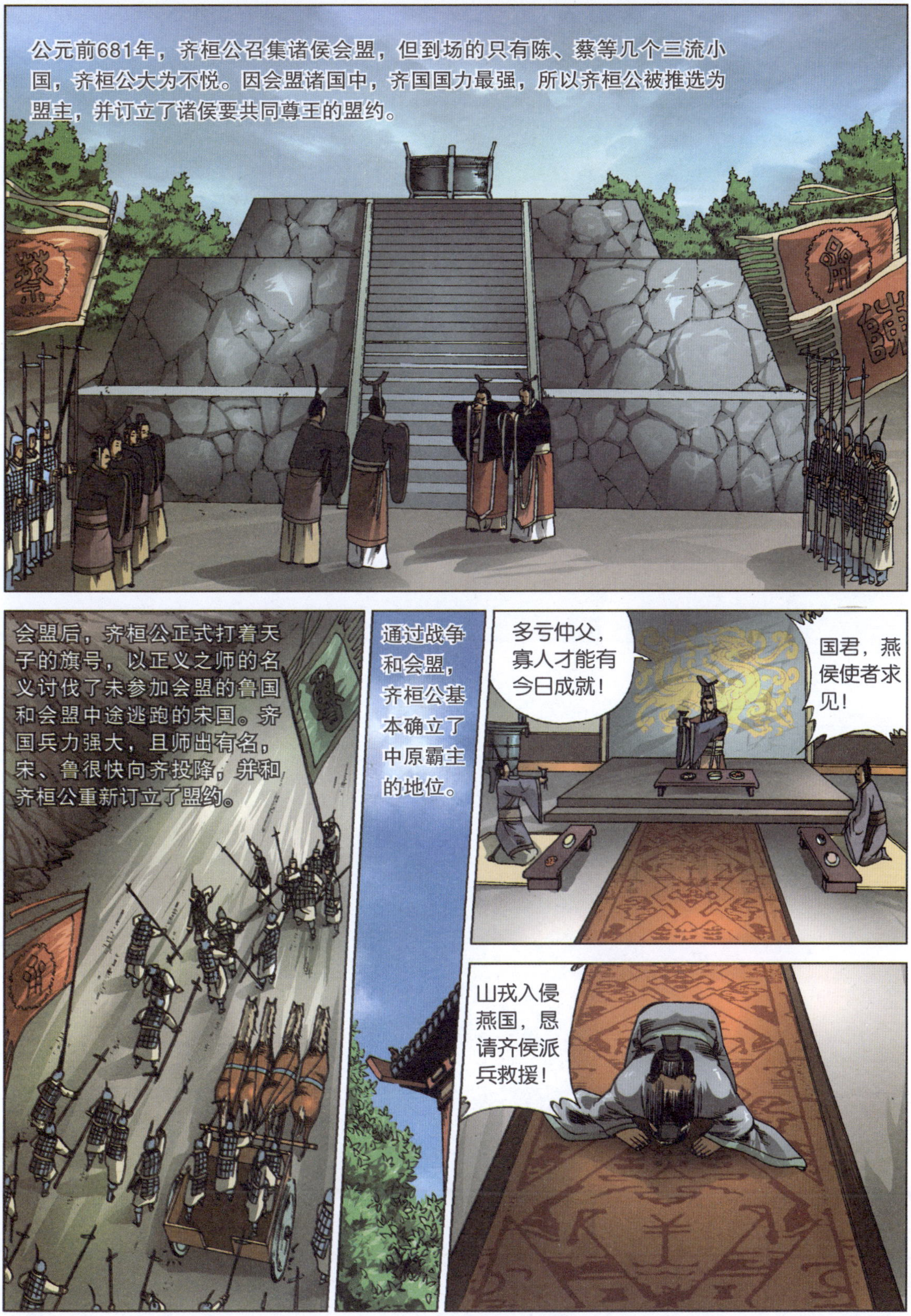

山戎：活动于今河北省北部的一支少数民族。

恳请齐侯……
山戎以前也曾侵犯过我齐国，现在竟然又去扰燕。
寡人将亲率兵车三百乘辆，赶赴燕国驱除山戎！
谢齐侯……

哈哈，就算不会种粮食，我们照样有的吃！
呸，强盗！
我们和燕国毗邻而居，大家好歹也算亲戚。
你们有吃的，救济一下穷亲戚又怎样？
我们还要亲上加亲，娶你做老婆呢！
哼！
哈哈哈！

大王，燕国附近出现了一支大军！
是燕国的援军吗？
大家吃饱点儿！
哦！哦！
明天再打个胜仗，我们就能拿到更多的好东西了！
猎猎
国君，山戎只有步兵和少量骑兵，没有我们战车的威力大。
可令军队用战车全力冲撞他们！
好！

击鼓！
全军进攻！
春秋时还没发明马镫，人骑在马上的重心不稳，极容易摔下马。而造战车必备的青铜是当时的奢侈品，落后的山戎无力配备。所以平原交战，对有战车的齐军非常有利。
啊！
战车太厉害了！
快逃吧！
为了避免山戎日后再来骚扰，我们最好乘胜追击！
呵呵，这是我应该做的。
燕侯不必多礼。
多谢齐侯的救援大恩！

孤竹国：在今河北省秦皇岛市卢龙县西南。

……
呼——
呼——
这是什么地方？风沙怎么这么大？
呼——
仲父，那两个使者不见了！
把那两个孤竹国的使者叫来！
什么？！
果然。
仲父已知道这两人不怀好意？

我曾听闻孤竹国君和山戎首领是好友。
孤竹国君会杀死密卢求和，本就值得怀疑。
我原想看牢使者就不会有问题。
怎知还是被他们利用地形之便给溜了。
呼噢——
快，全军急速赶路，退回原地！
是！
这是什么声音呀？这里是不是有妖怪？
呜呜，别说了！

我想回家！
仲父，我们已走了好几天了，可一直在原地打转。
难道我们要命丧于此吗？
我听说动物可以在荒野中找到归家的路。
……
等太阳一出来，我们就解开几匹老马，让它们自寻生路。
我们则紧跟其后，也许可以走出这里！
好，只有试试了！
呼

旱海：位于孤竹国北边的沙漠，当地百姓叫它迷谷，此处沙漠一望无际，水草不生。

……
欺骗齐桓公的孤竹国君没料到齐军会走出旱海，结果被突袭而至的齐军灭国。被灭掉精锐的山戎也在很长时间内无力再侵犯燕国。
为齐侯获胜干杯！
燕侯，孤竹国和前山戎的领地就交给燕国了。

这，这怎么可以……
呵呵，寡人说出的话可从不收回的！
这里离齐国太远，土地不如送给燕国做人情呢！
燕国拜谢齐侯的大礼……
辂古辘——
燕
就快到边境了，燕侯请回吧！

不，兄侯，寡人定要再送你一天！
那好吧。
燕侯，你已经送寡人到齐境内了！
嗯……
按周礼，国君相送只能到边界。
把今天燕侯走过的五十里地划归燕国！

愚人妄语

一个落难的公子，最后却成了一代霸主齐桓公。为什么他能做到呢？一是他有像管仲、鲍叔牙这样的贤臣辅佐。二是他善于借势，周天子即位，诸侯们怕沾了晦气避之不及，齐桓公却第一个给周王室送去大礼以示庆贺。顿时，周天子感激涕零。从此以后，齐桓公是东征西讨师出有名啊！看来，借人、借势是成就齐桓公霸业的根本原因。

谈天说地

齐桓公问政

公元前645年，为齐桓公创立霸业呕心沥血的管仲病倒了，这下可急坏了齐桓公，这相位该由谁来继任呢？

齐桓公坐在管仲的床边，看了看管仲，有点不好意思地问道："要是你走了，谁可以担当你的相位呢？管仲看了看齐桓公，没有回答。齐桓公说："你的好友鲍叔牙可以吗？"

管仲诚恳地说："鲍叔牙是君子啊，但他善恶过于分明，见人之一恶，终身不忘，这样是不可以为政的。""那易牙呢？"齐桓公问道。管仲脸色阴了下来，顿了一会儿说道："易牙为了满足国君的要求不惜烹了自己的儿子以讨好国君，没有人性啊，岂能为相？"齐桓公有些难为情，但还是尴尬地问道："既然鲍叔牙和易牙都不行，那竖刁总是可以的吧？他宁愿自残身肢来侍奉寡人，这样的人难道还会对我不忠吗？"管仲摇摇头说："不爱惜自己的身体，是违反人性的，这样的人对自己都不忠情，您还指望他对您忠心耿耿吗？如果宠信他们，国家必乱啊。"管仲说罢，见齐桓公面露难色，便向他推荐了为人忠厚、不耻下问、居家不忘公事的隰朋。遗憾的是，齐桓公并没有听管仲的话，而是重用了易牙与竖刁。没几年，齐桓公病重，易牙与竖刁也趁机作乱，把齐桓公禁闭在宫中，让他活活饿死了。

齐桓公死后，他的几个儿子为争夺王位，结党营私，互相残杀，致使齐桓公的尸体停放在床上六七十天无人收殓，尸体腐烂生蛆，惨不忍睹。自此以后，齐国的霸业开始衰落。

晏婴使楚

齐景公时期，齐国国力渐衰，而楚国承袭前代霸主楚庄王余风，国力强盛。齐景公为重建霸业，选择与楚结盟，派相国晏婴出使楚国。为人傲慢的楚灵王，想尽办法要羞辱身高不足五尺的晏婴。机智善辩的晏婴将如何化解这些难题呢？齐楚两国结盟的使命他能够顺利完成吗？

章华之宫：始建于公元前535年，位于今天的湖北省潜江市境内，被誉为“天下第一台”。

好！真是身姿曼妙、舞技不凡。
恭喜大王！我国国势强盛，齐国派晏婴来示好了。
就是那个身高不足五尺的晏婴？
是，还以贤能闻名于诸侯呢。
哼！普天之下唯楚最强！
寡人倒要羞辱一下这个晏婴，扬扬楚国的威风！
晏婴才智过人，善于应对。
要羞辱他可不简单啊！
对，一事肯定不足以羞辱他。

一定要多羞辱几次！爱卿可有妙计？
大王，不如……
嗯……
好！寡人就不信这样都羞辱不了他！
当晚，楚灵王派人在城墙下挖了个小洞。
听说来使身高不足五尺，走这个门正好合适！
这简直就是狗洞嘛！
第二天
哈哈哈哈——
啊！齐国使者来了。

齐国使者晏婴求见楚王，请开城门。
扑哧！
你们……
慢着！
晏相国走这个小门都绰绰有余，不必开大门了吧。
看来楚王有意刁难，不怕，老夫自有应对之计。
相国……

此乃狗洞，出使狗国自然要走狗洞。
不知楚国是什么国呢？
要侮辱人却反被侮辱的楚王，在无奈之下打开了城门。第一回合，楚王就败给了晏婴。
这……
晏相国，欢迎来到郾国的章华之宫。
有礼……
……

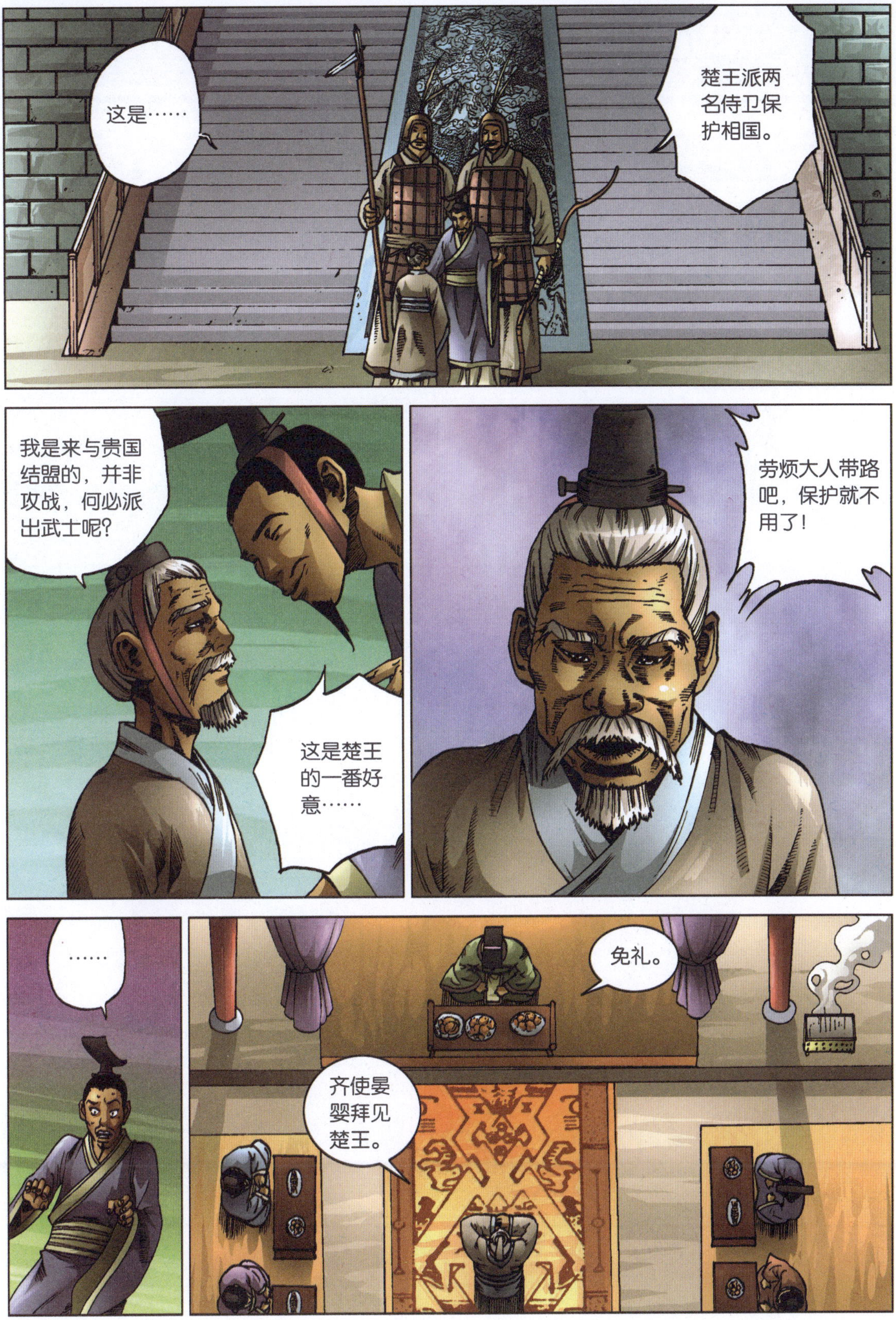
这是……
楚王派两名侍卫保护相国。
我是来与贵国结盟的，并非攻战，何必派出武士呢？
这是楚王的一番好意……
劳烦大人带路吧，保护就不用了！
……
免礼。
齐使晏婴拜见楚王。

哼！竟然敢说本国是狗国！
别高兴得太早，寡人囊中还有妙计呢。
毕竟是来结盟的，老夫要把握好尺度。
晏相国，来尝尝楚国的合欢橘吧。
唔……
谢大王恩赐！
哈哈！
晏相国，你不知道吗？吃橘子要剥皮啊。
呵呵……
在齐国，对国君的赏赐要视如珍宝。
大王的赏赐就犹如国君的赏赐，岂能将皮舍弃呢？
哦……

竟然恭维起寡人来了？
快走！
等等，囚犯是哪里人？所犯何罪？
回大王，此乃齐国人，犯了偷盗罪。
晏相国，难道你们齐国人都会偷盗吗？
哈哈哈哈——

枳：橘、枳本同根，由于生长条件不同，长出的果实也有所区别，正所谓“橘生淮南则为橘，橘生淮北而为枳”。

愚人妄语

俗话说：“人不可貌相，海水不可斗量。”不过，喜欢以貌取人的人实在少。自大的楚灵王，本想侮辱一下身高不过五尺的晏子，结果反被其辱。可见，看人看事，我们必须取掉有色眼镜，才能看得真切。

谈天说地

折冲樽组

说起“折冲樽组”这个成语，还真有一段鲜为人知的故事呢。

春秋中期，晋国羽翼丰满，于是，蠢蠢欲动，打起了齐国的主意。俗话说：“知己知彼，百战不殆。”为了掌握齐国形势，晋平公就派了大夫范昭出使齐国。齐景公以盛宴款待范昭。席间，正值大家酒酣耳热都有几分醉意的时候，范昭借酒劲向齐景公说：“请您给我一杯酒喝吧！”齐景公回头命令左右侍臣：“把酒倒在我的杯中送给客人吧！”范昭接过侍臣递过来的酒，仰起头，一饮而尽。

晏婴站在一旁，气得浑身发抖，厉声喝道：“这不是欺我们齐国无人吗？赶快扔掉这个酒杯，为国君再换一个！”这是为什么呢？依照当时的礼节，在酒席之上，君臣应是各自用各人的酒杯。范昭用景公的酒杯喝酒违反了这个礼节，是对齐国国君的不敬，范昭这样做，目的是想试探齐国君臣的反应，但被晏婴识破了。

范昭回国后，向晋平公报告：“我在酒席间试探了一下齐国君臣的反应，结果被晏婴识破了。齐国有这样的贤臣，如果我们现在去攻打齐国，绝对没有获胜的把握。”于是，晋平公就放弃了攻打齐国的打算。

孔子听说这件事后，称赞晏婴的外交说：“不出樽组之间，而折冲千里之外。”由此可见，晏子的智谋的确非凡人所比啊。

极目阁上看黄河

去郑州，一定要去黄河游览区，它位于郑州市西北30公里处，黄河水无边无际，浩浩荡荡，咆哮着流向远方。登上最高处极目阁俯瞰黄河，更能领略到“白日依山尽，黄河入海流。欲穷千里目，更上一层楼”的深刻含义。

图书在版编目（CIP）数据

群雄并起“画”春秋．上／沈山明，李冰编．—南昌：江西高校出版社，2017.3

（历史画中话）

ISBN 978-7-5493-5201-2

Ⅰ．①群… Ⅱ．①沈… Ⅲ．①中国历史—春秋时代—青少年读物 Ⅳ．① K225.09

中国版本图书馆 CIP 数据核字（2017）第 054432 号

责任编辑　易建宏　谢四玲

装帧设计　小龙工作室

出版发行	江西高校出版社
社　　址	江西省南昌市洪都北大道 96 号
编辑电话	（0791）88511517
销售电话	（0791）88170198
网　　址	www.juacp.com
印　　刷	唐山新苑印务有限公司
经　　销	全国新华书店
开　　本	787mm × 1092mm　1/16
印　　张	6.5
字　　数	65 千字
版　　次	2017 年 3 月第 1 版
	2017 年 3 月第 1 次印刷
书　　号	ISBN 978-7-5493-5201-2
定　　价	25.00 元

赣版权登字 -07-2017-248